Bibliografische Information der Deutschen Nationalbibliothek:

Die Deutsche Bibliothek verzeichnet diese Publikation in der Deutschen Nationalbibliografie; detaillierte bibliografische Daten sind im Internet über http://dnb.d-nb.de/ abrufbar.

Impressum:

Druck und Bindung: Books on Demand GmbH, Norderstedt Germany
ISBN: 9783640599899

Dieses Buch bei GRIN:

http://www.grin.com/de/e-book/149109/zur-bedeutungs-und-gebrauchsgeschichte-des-begriffs-arier-arisch-und

Anica Petrovic-Wriedt

Zur Bedeutungs- und Gebrauchsgeschichte des Begriffs „Arier/arisch“ und zur Stellung des Begriffspaares „Arier/arisch“ in der LTI

Victor Klemperer

GRIN Verlag

Inhaltsverzeichnis:

Seite

1. Bedeutung und Gebrauchsgeschichte des Begriffs „arisch/Arier“ 2

1.1 Herkunft und ursprüngliche Bedeutung des Begriffes 2

1.2 Rassentheorien des 19. Jahrhunderts 3

1.3 Gebrauch des Begriffes im Dritten Reich 5

2. Zur Stellung des Begriffspaares „Arier/arisch“ in der LTI 6

Literatur 15

1. Bedeutung und Gebrauchsgeschichte des Begriffs „arisch/Arier“

1.1 Herkunft und ursprüngliche Bedeutung des Begriffes

In der Literatur[1] existiert eine Vielzahl umfangreicher und weniger umfangreicher Definitionen zum Begriff „Arier“. Eine relativ umfangreiche Definition, die Aspekte verschiedener anderer Definitionen mit einschließt, findet sich im Meyers Lexikon online, weshalb diese Definition Ausgangspunkt der Arbeit sein soll:

> **Ari|er** [altindisch arya »der Edle«], die Völker, die eine der **arischen Sprachen** (indogermanische Sprachfamilie) sprechen. Arier nannten sich ursprünglich indogermanische Adelsgruppen in Vorderasien und Indien. Von der europäischen Sprachwissenschaft des 19. Jahrhunderts wurden die zunächst rein sprachwissenschaftlichen Begriffe »Arier« und »arisch« zeitweise den Begriffen »Indogermanen, indogermanisch« gleichgesetzt; in Anthropologie und Rassenkunde nahmen sie allmählich die Bedeutung »Angehörige der nordischen Rasse«, schließlich im Nationalsozialismus in willkürlicher und falscher Einengung die Bedeutung »Nichtjuden« an.[2]

Im folgenden Kapitel soll auf diese Definition näher eingegangen werden und es sollen einige historische und z.T. auch politische Zusammenhänge, die sich aus dem Begriff ergeben, aufgezeigt werden.

Zuerst taucht das Wort „Arier“ in Verbindung mit prähistorischen Nomaden auf. Diese beginnen sich im 3. Jtd. v. Chr. von ihrer Urheimat in den Steppen westlich des Urals in die zentralasiatische Steppe, nördlich des kaspischen Meers und des Aralsees, auszubreiten. Während dieser Ausbreitung spalten sie sich in einen indischen und einen iranischen Zweig.[3] Die Mitglieder der ersten Gruppe werden Indo-Arier genannt, während die der zweiten Gruppe als Irano-Arier bezeichnet werden.[4]

Im 2. Jtd. v. Chr. wanderte der indische Zweig der Arier weiter über den Hindukusch nach Nordwestindien, wo er schließlich auf die Harappa-Kultur traf.[5] Dieser Zweig sprach Vedisch. Für die iranischen Arier wird die Einwanderung hingegen auf das 11. -

---

[1] Vgl. Duden, Brockhaus: Lemma: Arier.
[2] Meyers Lexikon Online: Lemma: Arier am 07.11.08, 13:23 Uhr.
[3] Vgl. Duden, Lemma: Arier.
[4] Vgl. Ebd., Lemma: Arier.
[5] Vgl. Kulke, Rothermund, S.44.

10. Jh. v. Chr. datiert.[6] Die iranischen Arier gelten als die Vorfahren der heutigen Perser, Paschtunen, Kurden und Belutschen.

Die Migration konnte für den indischen Zweig der altindischen heiligen Schrift der Veden entnommen und bestätigt werden und für den iranischen Zweig waren die altpersischen heiligen Schriften des „Avesta“ prüfende Quellen der Migration.[7]

Damit bezeichnete der Begriff „Arier“ zunächst allein die Angehörigen der Völker des indo-iranischen Zweiges der indogermanischen Sprachfamilie. Es handelte sich um eine Selbstbezeichnung, die aus dem Sanskrit (arya = Edler) übernommen wurde.[8] Bis heute werden mit den „arischen Sprachen“ die iranische und die indische Sprache bezeichnet.

Anfang des 18. Jahrhunderts wurde die Selbstbezeichnung als ethnographischer Fachterminus entlehnt.[9] Bereits 1819 nutzte Schlegel das Adjektiv „arisch“ um die arische Sprache, die Zendsprache, zu bezeichnen. Durch die Annahme, dass das Sanskrit als Ursprache von entscheidender Bedeutung ist, wurden die Bezeichnungen „arisch“ und die „arische Sprache“ auf das „Indogermanische“ ausgedehnt.[10]

1.2 Rassentheorien des 19. Jahrhunderts

In der Mitte des 19. Jahrhunderts verwendet Friedrich Max Müller den Begriff „Arier“ erstmals als Bezeichnung für eine indo-europäische Sprachgruppe.[11] Entsprechend nennt er die Angehörigen dieser Sprachgruppe „arische Rasse“. Diese Bezeichnung wird von Wissenschaftlern und Schriftstellern aufgegriffen und vergröbert. In Folge dessen entstehen Rassentheorien, welche die Grundlage für das im Nationalsozialismus konstruierte, pseudowissenschaftliche Konstrukt „Arier“ darstellen.[12] Zu den wichtigen intellektuellen Wegbereitern gehören der französische Diplomat und Schriftsteller Arthur de Gobineau, der in seinem Werk „Theorie der Ungleichheit der Menschenrassen“ von 1855 eine Kategorisierung in sogenannte „höhere“ und „niedere“ Rassen vornimmt: Den „Arier“, zu welchem hellhäutige Menschen nordischer Abstammung gehören, ordnet er der höheren Rasse zu und sieht in ihm den

[6] Vgl. ebd., S, 44.
[7] Vgl. ebd, S. 45.
[8] Vgl. Meyer, Lemma: Arier.
[9] Vgl. Schmitz-Berning, S. 54.
[10] Vgl. ebd, S. 54.
[11] Vgl. Schmitz-Berning, S. 54.
[12] Vgl. ebd., S. 54.

Kulturträger, der Moral und Anstand verkörpert. Niedere, dunkelhäutige Rassen, zu denen er damals noch nicht die Juden zählt, sind zur Knechtschaft bestimmt.[13] Gobineau sieht in der fortschreitenden Rassenmischung eine Gefahr für die Überlegenheit der arischen, weißen Rasse. Aus der Bezeichnung einer Sprachgruppe wird damit das pseudowissenschaftliche Konzept einer völkischen Urrasse konstruiert, das den Nationalsozialisten später als Grundlage für ihre rassekundlichen Theorien dient.[14] Der britische Publizist Houston Stewart Chamberlain greift in seinem Werk „Grundlagen des 19. Jahrhunderts" Gobineaus Grundsätze auf und ergänzt sie um sozialdarwinistische[15] Vorstellungen vom Überleben der Stärkeren, in welchem sich die höheren und die niederen Rassen, dem Prinzip einer natürlichen Auslese folgend, in einem ständigen Überlebenskampf gegenüberstehen.[16] Weder Gobineaus noch Chamberlains Theorien des „arischen" Menschen sind naturwissenschaftlich fundiert, sondern vielmehr geisteswissenschaftliche Konstrukte, wie Klemperer es später auch in der LTI betont: „Die Konstruktion des arischen Menschen wurzelt in der Philologie und nicht in der Naturwissenschaft."[17]

Die Vorstellung von einer völkischen Urrasse wird zu dieser Zeit mythisch und religiös überhöht und sorgt dadurch für eine intensive Rezeption der völkischen Bewegung. So stellt Theodor Fritsch 1888 im „Centralorgan der deutschen Antisemiten" Christi als arischen Abkommen dar, was die Dichotomien christlich /arisch und jüdisch/nichtarisch etabliert. Die christliche Lehre wird hier als Protest gegen das vernunft- und sittenlose Semitentum gesehen.[18]

Die 1918 gegründete ‚Thule-Gesellschaft', eine Vorläuferorganisation der NSDAP, verbreitet die falsche Vorstellung einer legendären Geburtsstätte der „arischen Rasse" - ein Mythos der bis heute in rechtsextremen Kreisen gegenwärtig ist.[19]

---

[13] Vgl. ebd., S. 55.
[14] Vgl. ebd., S. 55.
[15] Im „Sozialdarwinismus" werden fälschlicherweise einseitige Beobachtungen aus dem Tierreich auf die menschliche Gesellschaft übertragen, d.h. deren Entwicklung wird als Folge natürlicher Selektion gesehen, in welcher der Stärkere überlebt (abgeleitet von der Evolutionstheorie Charles Darwins).
[16] El-Tayeb, S. 22.
[17] Klemperer, Victor: „LTI", Reclam, Taschenbuch. Stuttgart, 1997, S. 187.
[18] Vgl. Polenz: S. 55.
[19] Historisches Lexikon Bayerns: „Thule Gesellschaft". [http://www.historisches-lexikon-bayerns.de/artikel/artikel_44318], am 02.03.09, 12:09 Uhr.

1.3 Gebrauch des Begriffs im Dritten Reich

Der Begriff „Arier“ entwickelt sich im Dritten Reich zu einem Ideologiewort, dass in erster Linie durch Hitlers Ausführungen in „Mein Kampf“ bestimmt ist.[20] Die völkisch antisemitische Tradition sowie die Rassentheorien des 19. Jahrhunderts - vor allem der Sozialdarwinismus Chamberlains –, dienen Hitler als Grundlage für seine Erschaffung des Juden als Feindbild schlechthin:

> Menschliche Kultur und Zivilisation sind auf diesem Erdteil unzertrennlich gebunden an das Vorhandensein des Ariers. [...] Wer die Hand an das höchste Ebenbild des Herrn zu legen wagt, frevelt am gütigen Schöpfer dieses Wunders und hilft mit an der Vertreibung aus dem Paradies. Damit entspricht die völkische Weltanschauung dem innersten Wollen der Natur, da sie jenes freie Spiel der Kräfte wiederherstellt, das zu einer dauernden gegenseitigen Höherzüchtung führen muß, bis endlich dem besten Menschentum dem erwobenen Besitz dieser Erde freie Bahn gegeben wird zur Betätigung auf Gebieten, die teils über, teils außer ihr liegen werden. Wir alle ahnen, dass in ferner Zukunft Probleme an den Menschen herantreten können, zu deren Bewältigung nur eine höchste Rasse als Herrenvolk, gestützt auf die Mittel und Möglichkeiten eines ganzen Erdballs berufen sein wird.[21]

Die Schlüsseldichotomie deutsch/arisch, jüdisch/nichtarisch ist somit geschaffen und bestimmt den Begriff „Arier“ und dessen Gebrauch im Alltag. In der „Erste(n) Verordnung zur Durchführung des Gesetzes zur Wiederherstellung des Berufsbeamtentums“, vom 11. April 1933, nach welchem jüdische Beamte pensioniert werden sollen, werden Deutsche explizit als Arier, Juden explizit als Nichtarier bezeichnet:

> Als nicht arisch gilt, wer von nicht arischen, insbesondere jüdischen Eltern oder Großeltern abstammt. Es genügt, wenn ein Elternteil oder ein Großelternteil nicht arisch ist. Dies ist insbesondere dann anzunehmen, wenn ein Elternteil oder ein Großelternteil der jüdischen Religion angehört hat.[22]

---

[20] Vgl. ebd.

[21] Hitler, Adolf: „Mein Kampf“, S. 421 f., zitiert nach Polenz (1999), S. 56.

[22] DocumentArchiv.de: „Erste Verordnung zur Durchführung des Gesetzes zur Wiederherstellung des Berufsbeamtentums. Vom 11. April 1933“. [http://www.documentarchiv.de/ns/1933/berufsbeamtentum_vo01.html], am 01.03.09, 13:05 Uhr.

Nachdem von wissenschaftlicher Seite her Zweifel an der Gültigkeit des Begriffes „Arier“ bemerkt werden, wird er nach 1935 nicht mehr in Gesetzestexten verwendet: Im Blutschutz- und Reichsbürgergesetz wird der Begriff durch die Wortgruppe „deutsche[s] oder artverwandte[s] Blut[…]“ ersetzt, während im Geschäftsverkehr der Terminus „Deutschblütiger“ gebraucht wird.[23] Im Alltagsgebrauch hat sich der Begriff jedoch schon so weit in die Sprache eingeschlichen, dass er weiterhin verwendet wird, wie auch bei Klemperer deutlich wird. Die anhaltende Verwendung des Begriffes ist auch damit zu erklären, dass die schon seit einiger Zeit in die Sprache eingeführte Bezeichnung „Arierparagraph“, die Neubildung „Arisierung“ und die feste Wendung „arischer Abstammung“ das Wort zu einem so festen Bestandteil der Sprache gemacht haben, dass es nur noch schwer zu eliminieren war.[24]

Fortan gilt im Dritten Reich also nicht mehr der Glaube als ausschlaggebend für die Zuordnung zum „Ariertum“ sondern vielmehr das „Blut“, welches nur dann als „rein“ angesehen wird, wenn die Vorfahren zu hundert Prozent ‚deutsch’ - dass heißt gleichzeitig ‚nicht jüdisch’ - waren. Klemperer ist davon überzeugt, dass diese Exklusion der Juden über die volkstümliche Grundlage der Rassentheorie nur deswegen von den Nazis ausgesponnen wurde, um ihrem Antisemitismus eine Grundlage zu geben, die unausrottbar ist, denn „(...) sein Kleid, seine Sitte, seine Bildung und seinen Glauben kann der Mensch wechseln, sein Blut nicht.“[25]

2. Zur Stellung des Begriffspaares „arisch/Arier“ in der LTI

Für die Untersuchung sind wir sowohl auf die Tagebücher Viktor Klemperers als auch auf die LTI eingegangen. Dabei haben wir zwischen zwei Gruppen unterschieden: Zunächst haben wir festgestellt, dass Klemperer sich auf wissenschaftlicher Ebene kritisch mit der Nutzung der Begriffe auseinandersetzt. Uns ist jedoch aufgefallen, dass nicht in jedem Fall von einer bewussten Nutzung der Begriffe gesprochen werden kann. Vielmehr hat sich gezeigt, dass er die Begriffe scheinbar unbewusst nutzt oder zumindest an Stellen gebraucht, an denen auf die Begriffe hätte verzichtet werden

---

[23] Vgl. Polenz, Peter von (1999): S. 57.
[24] Ebd.
[25] Klemperer: LTI, S. 236.

können. Daher haben wir die kritische Auseinandersetzung mit dem Begriff, sowie Klemperers scheinbar unbewusste Verwendung dessen einander gegenübergestellt.
Als Diskussionsangebot war für uns ein Zitat von besonderer Bedeutung, denn dieses macht deutlich, dass Klemperer selbst reflektiert, nicht immer völlig kritisch an die Nutzung von Sprache heranzugehen. Dieses bezieht sich jedoch nicht ausschließlich auf die Begriffe „arisch“ und „Arier“, sondern auf den Gebrauch der LTI überhaupt:

> *„Du siehst eben alles durch die jüdische Brille.“ – „Jetzt nimmst auch du schon die Judensondersprache an!“*
>
> *Ich war beschämt. Als Philologe ständig bemüht, das sprachlich Besondere jeder Situation und jedes Zirkels zu beachten und selber ganz ungefärbt neutral zu sprechen, hatte ich nun doch von meiner Umgebung abgefärbt. (Man verdirbt sich auf solche Weise das Gehör, die Registrierungsgabe.) Aber ich war zu entschuldigen. Es ist ganz unmöglich, dass eine Gruppe in die gleiche Lage gepresst wird, besonders wenn es sich um ein wirkliches Pressen, um Feinddruck handelt, ohne Sprachbesonderheiten aus sich heraus zu bilden; der einzelne kann sich dem nicht entziehen.*[26]

Zunächst möchten wir unserer beiden Kategorien, die kritische und die unkritische Benutzung der Begriffe „arisch“ und „Arier“ klären, bevor wir noch einmal auf das Zitat eingehen werden.
Für die Kategorie der kritischen Auseinandersetzung Klemperers mit dem Begriff „arisch“ haben wir folgende Zitate ausgewählt:

> S. 44[27]
> *Die Unterscheidung zwischen „arisch“ „nichtarisch“ beherrscht alles*
> *Man könnte ein Lexikon der neuen Sprache anlegen..*

Das Zitat macht die zentrale Position deutlich, die der Begriff „arisch“ in der LTI einnimmt. Die Unterscheidung zwischen demjenigen, der „arisch“ ist und demjenigen, der es nicht ist, beherrscht nach Klemperer alles. Damit ist sowohl die Sprache als auch das Leben der Beteiligten, trotz des ausdrücklichen Hinweises auf das Lexikon, gemeint, denn die Zuordnung zu einer Kategorie bestimmt die Lebensqualität, die dem Einzelnen zugestanden wurde. Zugleich verdeutlicht das Zitat die Intention Klemperers

---

[26] Klemperer: LTI, S. 245.
[27] Die Seitenangaben beziehen sich jeweils auf die Ausgabe: Klemperer, Victor: LTI. Reclam. Stuttgart 2007.

ein Lexikon zu schreiben, dass sich mit der Sprache des Dritten Reiches beschäftigt. Die Auseinandersetzung mit dem Begriff ist hier deutlich einem wissenschaftlichen Interesse geschuldet.

> S. 45
> *Jämmerlich der Ärztekongress in Wiesbaden! Sie danken Hitler feierlich und wiederholt als dem „Retter Deutschlands" – wenn auch die Rassenfrage noch nicht ganz geklärt sei, wenn auch die „Fremden" Wassermann, Ehrlich, Neißer großes geleistet hätten. Es gibt unter meinen „Rassengenossen" in meiner nächsten Umgebung Leute, die dieses doppelte „Wenn" schon für eine tapfere Tat erklären, und das ist das jämmerlichste an der Sache. Nein, das Allerjämmerlichste daran ist, daß ich mich ständig mit diesem Irrtum des Rassenunterschiedes zwischen Ariern und Semiten beschäftigen muß, daß ich die ganze grauenhafte Verfinsterung und Versklavung Deutschlands immer wieder unter dem Gesichtspunkt des Jüdischen betrachten muss. Mir scheint das wie ein über mich persönlich errungener Sieg der Hitlerei. Ich will ihn ihr nicht zugestehen..*

Auch dieses Zitat macht deutlich, dass Klemperer sich nicht nur als Jude mit dem Unterschied, der zwischen Semiten und Ariern gemacht wurde, beschäftigte, sondern, dass er sich die gesamte Zeit mit dem Rassenunterschied beschäftigen muss. Damit wird klar, dass der Unterschied für Klemperer nicht nur auf der Straße von Bedeutung ist, sondern auch an seinem Schreibtisch, wenn er sich mit der Sprachentwicklung im Dritten Reich beschäftigt. Die kritische Auseinandersetzung erfolgt hier über das Feld des Rassenunterschiedes. Des Weiteren stellt das Zitat noch einmal deutlich heraus, dass Klemperer sich vor dem Zweiten Weltkrieg nicht als Jude, sondern als Deutscher gesehen hat, da er nicht mehr nach dem streng jüdischen Glauben erzogen wurde. Durch Hitler musste er sich wieder mit seinem Ursprung auseinandersetzen. Nach eigener Aussage hat erst Hitler wieder einen Juden aus ihm gemacht, denn er selbst nimmt sich nicht vorrangig als Juden, sondern als „deutschen Europäer" wahr.

> S. 128
> *Dieser Sanctas-Seele, die ganz unnazistisch und ganz menschlich empfand, war das Grundelement des nazistischen Giftes eingeflossen; sie identifizierte das Deutsche mit dem magischen Begriff des Arischen; es schien ihr kaum faßlich, daß mit mir, dem Fremden, der Kreatur aus einer anderen Sparte des Tierreiches, eine Deutsche verheiratet sei, sie hatte „artfremd" und „deutschblütig" und „niederrassig" und „nordisch" und „Rassenschande" allzuoft gehört und nachgesprochen [...].*

Auffällig ist die Bezeichnung des Arischen als „magisch". Es wird deutlich, dass es Klemperer bewusst ist, dass der Zuschreibung „arisch" etwas Anziehendes anhaftet, von dem sich einfache und auch besonnene Menschen in den Bann ziehen lassen. Zugleich macht das Zitat die Macht, die die Sprache über eine Gruppe von Menschen hat, deutlich, denn Klemperer macht darauf aufmerksam, dass Menschen, die oft mit einer bestimmten Art von Begriffen zu tun haben, in Gefahr sind, die Denkart zu übernehmen und den Inhalt der wiederholten Aussagen für wahr erklären, ohne ihn, aufgrund der Häufigkeit der Nennungen, kritisch in Frage zu stellen.

> S. 187
> *Die deutsche Romantik hat sprachlich und literarisch die Anknüpfung an eine indische Vorzeit des Germanentums, an eine arische Gemeinsamkeit europäischer Völkerfamilien gefunden. (Der mit mir ins Judenhaus gewanderte Scherer verzeichnet in seinen Annalen 1808 Friedrich Schlegels „Sprache und Weisheit der Inder" und 1816 Franz Bopps „Über das Konjugationssystem der Sanskritsprache in Vergleichung mit jenem der griechischen, lateinischen, persischen und germanischen Sprache") Die Konstruktion des arischen Menschen wurzelt in der Philologie und nicht in der Naturwissenschaft.*

In diesem Zitat lassen sich ebenfalls deutliche Anhaltspunkte dafür finden, dass sich Klemperer kritisch mit dem Gebrauch des Begriffes „arisch" auseinandersetzte. An dieser Stelle geht er auf die Werke Schlegels und Bopps ein und folgert, dass die Bezeichnung „arisch" keine naturwissenschaftlich fundierte Basis, sondern eine philologische hat, die wie oben erklärt, in den Rassentheorien des 19.Jahrhunderts verwurzelt ist. Auch dadurch macht er auf die Macht der Sprache aufmerksam.

> S. 226-227
> *Aber diese Häuser [Judenhäuser] lagen inmitten arischer Wohnviertel, und auch selber waren sie nicht ausschließlich von Juden bewohnt; weswegen man denn an anderen gelegentlich die Mitteilung lesen konnte: „Dies Haus ist judenrein." Der Satz blieb dick und schwarz an manchen Mauern haften, bis sie selber im Bombenkrieg zuschanden gingen, während die Schilder „rein arisches Geschäft" und die feindseligen Schaufensterbemalungen „Judengeschäft!" genauso wie das Verbum „arisieren" und die beschwörenden Worte an der Ladentür: „Völlig arisiertes Unternehmen!" sehr bald verschwanden, weil es keine Judengeschäfte mehr gab und gar nichts mehr zu arisieren.*

An dieser Stelle gebraucht Klemperer den Begriff „arisch" bewusst. Er verweist auf die Schriftzüge, die die Juden aus dem Alltagsleben ausschlossen. In diesem Zitat arbeitet er deskriptiv um deutlich zu machen, inwieweit der Begriff es ermöglichte, „Rassen" zu trennen. Durch das Stigmata des Judensternes waren diese „Leitsätze" oder Regeln, die von den Geschäften aufgestellt wurden, problemlos umzusetzen, da ein jüdischer Bürger sofort zu erkennen war.

> S. 227
> *Diese Sparte (Judensparte im Lexikon der LTI) ist reich an amtlichen Ausdrücken und Wendungen, die allen Betroffenen geläufig waren und ständig in ihren Unterhaltungen auftraten. Das begann natürlich mit „nichtarisch" und „arisieren", dann gab es die „Nürnberger Gesetze zur Reinhaltung des deutschen Blutes", dann waren da „Volljuden" und „Halbjuden" und „Mischlinge ersten Grades" und anderer Grade und „Judenstämmlinge". Und vor allem: es gab „Privilegierte" (...).*

Das letzte Zitat, das wir aus der LTI ausgewählt haben zeigt erneut die Macht des Begriffes „arisch". Macht, weil es nach Klemperer den Anfang des Rassenunterschiedes, zumindest sprachlich begründete. Das Wort hat demnach auch eine ursprüngliche Bedeutung für Ausdifferenzierung der Sprache und auch für das Leben der Betroffenen. Klemperer nennt die aufgezählten Begriffe „amtliche" Begriffe, was deutlich macht, dass das NS-Regime von der höchsten Stelle aus, den Rassenunterschied deutlich macht und diesen amtlich durchzusetzen vermochte.

Aus den Tagebüchern haben wir zwei Zitate ausgewählt, die ebenfalls die kritische Auseinandersetzung Klemperers mit dem Wortfeld um „arisch" zeigen. Das erste Zitat bezieht sich auf das Haus, das Klemperer zusammen mit seiner Frau Eva bewohnte und aus dem sie sich nicht vertreiben lassen wollten:

> Februar 1942[28]
> *Ich sagte ihm, ich würde das Haus bis zum letzten halten, ich sei leidend, u. meine Witwe arisch.*

Klemperer operiert hier nicht mit dem Begriff nichtarisch, der zunächst erwartet werden könnte, da er seine Frau, ihm als arisch gegenüberstellt. Er verweist darauf, dass er leidet und postuliert dadurch eine Stärke, die ihm eine gewisse Sicherheit gibt, das Haus zu behalten. Seiner arischen Frau würde das Haus ohnehin nicht weggenommen werden und er benutzt „arisch" in diesem Fall, unserer Ansicht nach, als ihre Stärke und zugleich als die Selbstverständlichkeit, den Besitz zu beanspruchen. In diesem Fall ist „arisch" für Klemperer ebenfalls ein Machtwort, denn die Zuschreibung „arisch" zu sein, bedeutet auch, nicht vom

[28] Die Datenangeben beziehen sich jeweils auf die elektronische Ausgabe der Tagebücher Viktor Klemperers (1933-1945). Kommentierte Gesamtausgabe. Hrsg. Walter Nowojsky. Digitale Bibliothek 150. Berlin 2007.

Regime angegriffen zu werden. Er nutzt den Begriff daher auch als ein Argument, um seine Besitzansprüche an ihrem Haus zu legitimieren.

Das zweite Zitat, das wir gewählt haben, ist ähnlich, dem Zitat aus den LTI, auf das wir bereits eingegangen sind auf S. 128. Dort beschreibt Klemperer die Frau, für die es ganz natürlich war den Begriff „arisch" zu gebrauchen, obwohl sie ein gutes Herz hat, weil sie den Begriff überall hört. Das folgende Zitat beschreibt einen „Arier", der scheinbar mit den jüdischen Bürgern „sympathisiert":

> April 1942
> *Zu Neumark also sagte ein nichtnazistischer, nichtantisemitischer Arier: „Der Eintritt Amerikas in den Krieg muß doch den Juden großen Auftrieb verliehen haben, ich sehe jetzt sehr viel mehr Juden auf den Straßen als vordem, sie trauen sich wieder hinaus." N. entgegnete, die Juden seien jetzt häufiger auf der Straße zu sehen, weil ihnen die Tram verboten sei. Das war dem Mann vollkommen unbekannt.*

Klemperer betont hier zweifach die Gesinnung des Menschen, den er dennoch „Arier" nennt. Er beschreibt ihn als „nichtnazistisch" und „nichtantisemitisch". Zum einen geht daraus hervor, dass es Menschen gab, die sich nicht Regime-konform gaben, auf der anderen Seite wird jedoch auch hier die Dimension deutlich, die die Sprache des Dritten Reiches bereits eingenommen hat. Dem „Arier" fehlen bestimmte Voraussetzungen, um diese Dimensionen zu erkennen. In gewisser Weise wird deutlich, dass auch die arische Bevölkerung nicht über alle Vorgänge informiert war, oder aber auch, dass sie nur auf das Offenliegende sahen und die eigentliche Tragweite einer gesellschaftlichen Veränderung nicht begriffen oder sich nicht damit auseinandersetzten. Die Bezeichnung „Arier" macht dies deutlich, denn Klemperer hätte diese Zuschreibung nicht wählen müssen, wenn er dankbar für die Aufmerksamkeit eines Menschen gewesen wäre, weil dieser eine Veränderung wahrnahm und diese für „gut" erklärte. Er macht damit deutlich, dass er einen Missstand sieht zwischen denjenigen, die sich offen für das Regime aussprachen und denjenigen, die scheinbar nicht mit diesem konform gehen. Es stellt sich vielmehr die Frage, ob Klemperer die Unwissenheit einiger Menschen nicht als schlimmer empfindet, einfach weil sie sich nicht mit den Tatsachen auseinandersetzen und unkritische Eindrücke vermitteln. Beim Lesen des Zitates kam es uns so vor, als sei dieser Arier ein Mensch, der für wahr hält, was er sieht, ohne sich über die Hintergründe zu informieren, weil er nicht betroffen ist. Der Vorwurf, der dahinter steht, ist unserer Ansicht nach der, dass gerade diese unkritische Haltung einiger Deutscher in Klemperer auch den Ärger auslöst, wenn sie mit der LTI operieren, ohne den Sinn zu begreifen und damit, auch wenn sie sich nicht offen zum Regime bekennen, dennoch als Mitläufer gelten können und nicht als kritische Bürger.

Im Folgenden wollen wir noch auf einige Zitate eingehen, die wie wir finden, genau das zeigen, was Klemperer sonst kritisiert. Es ist uns aufgefallen, dass auch Klemperer den Begriff „arisch" nicht immer vollkommen kritisch gebraucht, denn an einigen Stellen stellt sich die Frage, ob es wirklich nötig war, mit dem Begriff „arisch" zu arbeiten. Daher möchten wir die Annahme prüfen, ob auch Klemperer den Begriff nicht immer völlig kritisch und reflektiert gebraucht, sondern vielmehr selbst „Opfer" der LTI wurde, obwohl er jüdischer Abstammung und „Sprachwissenschaftler" war.

In dem ersten Zitat setzt sich Klemperer auf den ersten Blick kritisch mit der Unterscheidung auseinander. Bei weiterem Nachdenken fiel uns jedoch auf, dass Klemperer eine Wortgruppe nutzt, die leicht auch anders hätte ausgedrückt werden können, ohne ihre Schärfe oder den Sinn zu verlieren:

> S. 130
> *Unten im großen Keller saß die Judengruppe um einen Pfeiler herum, zusammengedrängt und deutlich abgetrennt von der <u>arischen Belegschaft</u>. Aber der Abstand von den <u>arischen Bänken</u> war ein geringer, und Unterhaltungen der vorderen Reihe drangen zu uns.*

Was uns an diesem Zitat interessiert hat, ist die Wortgruppe „arische[n] Bänke[n]". Bereits zuvor hat Klemperer deutlich gemacht, dass es eine Trennung in der Belegschaft gab. Der Zusatz, dass die Bänke auf denen die arische Belegschaft saß, nicht weit entfernt waren, erscheint an dieser Stelle aufgesetzt. Zunächst haben wir vermutet, dass er durch die Dopplung, die unseres Erachtens hier entsteht, die Trennung besonders betonen wollte und man kann es sicherlich auch so lesen. Der Ausdruck lässt jedoch auch eine andere Deutung zu. Die Bezeichnung wirkt, für sich allein betrachtet, fast komisch, denn man gewinnt den Eindruck als würde auch dem Mobiliar das Adjektiv „arisch" zugeschrieben werden. Natürlich versteht man das Gemeinte (die Bänke, auf denen Arier sitzen), doch warum benutzt er diesen Ausdruck? Wir sind schließlich zu der These gekommen, dass diese Bezeichnung sich innerhalb der Belegschaft gebildet hat, um die Platzverteilung deutlich zu machen. Der Ausdruck würde damit einer Phraseologie der LTI entsprechen, die Klemperer, wenn es so ist, einfach übernommen hatte, ohne kritisch zu reflektieren, ob sie in diesem Zusammenhang wirklich benutzt werden musste, um die Trennung der Belegschaft deutlich zu machen. Dieses Beispiel zeigt, dass auch er sich der Macht der Sprache nicht vollständig entziehen kann, obwohl er sie gleichzeitig scharfsinnig analysiert und ihre Tücken durchschaut.

Auch in den Tagebüchern findet sich die Zuschreibung als „arisch“, ohne dass sie bewusst verwendet erscheint, so lassen sich Zusätze wie „ganz arisch“[29] oder „arisch“[30] an unterschiedlichen Stellen finden, ohne dass eine Notwendigkeit für die Nutzung des Begriffes vollkommen ersichtlich wird. Dabei wollen wir nicht behaupten, dass Klemperer völlig unkritisch den Begriff nutzte, sondern vielmehr, dass auch er sich der LTI nur schwer entziehen konnte. Dies macht auch unser Ausgangszitat deutlich, in dem Klemperer selbst darauf hinweist, dass er nicht immer völlig kritisch mit der Sprache ist, sondern, dass auch er sich beeinflussen lässt. Die Nutzung der „Judensondersprache“ entschuldigt er hier, durch die schwierige Situation in der sich die Juden befanden. Man gewinnt jedoch gerade an dieser Stelle den Eindruck, dass Klemperer sich eine Entschuldigung für die unkritische Nutzung von Sprache sucht, die er anderen nicht zugesteht. Diese Frage haben wir dann auch zur Diskussion gestellt. Leider versteifte sich diese jedoch darauf, dass die Teilnehmer eine unkritische Nutzung des Wortes „arisch“ nicht sahen, obwohl es unser Ziel war, zu zeigen, dass Klemperer selbst die Macht der Sprache erkannte und auch selbstkritisch darüber reflektiert, dass auch er sich dieser Macht nicht entziehen kann. Zudem sollte deutlich werden, wie schwierig es ist, sich die ganze Zeit kritisch gegenüber der eigenen Sprache zu verhalten und wie viel Mühe es kostet, sich nicht von einer bestimmten Tendenz beeinflussen zu lassen.

Zuletzt ist noch zu bemerken, dass es unerlässlich ist, die unterdrückte Position Klemperers außen vor zu lassen, die tägliche Angst die er erleiden musste, eine Angst, wie sie aus heutiger Sicht nur schwer vorzustellen ist. Wenn man wie Klemperer sich

---

[29] Viktor Klemperer: Tagebücher. August 1933: Beim Kaffee am Tisch zweier alter Damen, „besseren Standes“, gehobene Klatschbasen, ganz arisch. Brocken ihres Gespräches: Entrüstung, daß man irgend einen jüdischen Arzt – so feiner Mensch, so gute Familie – um sein Brod gebracht habe. – nach dem Kaffee im großen Saal „Kabarett“.

[30] Viktor Klemperer. Tagbücher. Oktober 1942: „arisch erzogen“ Mai 1943: Der Mann ist „arisch verheiratet (...)“.

häufig mit dem eigenen Tod konfrontiert sieht und in regelmäßigen Abständen ungerechtfertigte Torturen über sich ergehen lassen muss, wenn man mit dem Bewusstsein, das eigene Leben zu riskieren das niederschreibt, was die Manipulation eines ganzen Volkes bewirkt hat, dann müssen wir als Betrachter dessen, die Sache aus diesem Blickwinkel sehen und berücksichtigen. Daher kann Klemperer nur zugestimmt werden, wenn er sagt „Ich sei entschuldigt", denn jemand, der den Mut aufbringt, selbst unter größtem Feinddruck und Todesangst ein Werk zu schaffen, dass die Sprache des Dritten Reiches zu beschreiben versucht, dem gebührt Respekt und Nachsicht, vor allem auch in Anbetracht dessen, dass er sich immer wieder aufs Neue kritisch mit Sprache und auch mit seinem eigenen Sprachgebrauch auseinandersetzt, gedanklich nie „stehen bleibt" und sprachliche Gegebenheiten nie unkritisch hinnimmt (wie so viele seiner – selbst gebildeten – Zeitgenossen). Möglicherweise kann man sogar davon ausgehen, dass er die LTI selbst explizit in seinem Buch verwendet, um noch einmal nachdrücklich klar zu machen, dass selbst ein sehr sprachbewusster Mensch wie er, nicht umhin konnte, sich gleichzeitig sprachlich von diesem System beeinflussen zu lassen. Somit demonstriert er, wie sich Sprachgewohnheiten langsam in das eigene Leben einschleichen, ohne das man es direkt bemerkt und dass, sobald es einem bewusst wird, die Verwendung der Sprache schon so geläufig ist, dass es nur schwierig und durch zeitliche Veränderungen möglich ist, sich dieser sprachlichen Gewohnheiten zu entledigen. Am treffendsten zu erklären ist dieses Phänomen wohl mit Klemperers eigenen Worten:

> Worte können sein wie winzige Arsendosen: sie werden unbemerkt verschluckt, sie scheinen keine Wirkung zu tun, und nach einiger Zeit ist die Giftwirkung doch da.[31]

[31] Klemperer: LTI, S. 26.

Literatur:

El-Tayeb, Fatima: Schwarze deutsche: Der Diskurs um "Rasse" und nationale Identität 1890-1933. Frankfurt/ New York: Campus Verlag 1999.

Klemperer, Viktor: LTI. Notizbuch eines Philologen. 22. Auflage. Stuttgart: Philipp Reclam jun. GmbH & Co. 2007.

Klemperer, Viktor: Die Tagebücher (1933-1945). Kommentierte Gesamtausgabe. Berlin: Digitale Bibliothek 2007.

Kulke, Hermann; Rothermund, Dietmar: Geschichte Indiens. Von der Induskultur bis heute. Stuttgart: Kohlhammer 1982.

Polenz, Peter von: Deutsche Sprachgeschichte vom Spätmittelalter bis zur Gegenwart. Bd. III. 19. und 20. Jahrhundert. Berlin; New York: de Gruyter (Studienbuch) 1999.

Schmitz-Berning, Cornelia: Vokabular des Nationalsozialismus. Berlin: De Gruyter 1998.

Internetquellen:

DocumentArchiv.de: „Erste Verordnung zur Durchführung des Gesetzes zur Wiederherstellung des Berufsbeamtentums. Vom 11. April 1933“. [http://www.documentarchiv.de/ns/1933/berufsbeamtentum_vo01.html], am 01.03.09, 13:05 Uhr.

Historisches Lexikon Bayerns: „Thule Gesellschaft“. [http://www.historisches-lexikon-bayerns.de/artikel/artikel_44318], am 02.03.09, 12:09 Uhr.

Meyer, K: „Religionen. Arier“. [http://www.sphinx-suche.de/religionen-a-g/arier.htm], am 25.11.08, 21.13 Uhr.

Meyers Lexikon online: „Arier“. [http://lexikon.meyers.de/wissen/Arier], am 26.11.08, 13:23 Uhr.